잠의 풀밭

변영현

**시인의 말**

오르골 가게엔 오르골이 있습니다


저마다의 음악이 다 가냘파서
투명한 슬픔이 내릴 것 같은데


태엽 소리를 감추고


회전목마는 오르락내리락
기차는 칙칙폭폭 달려갑니다


신랑 신부는 얼마나 오래 키스하고
무희는 몇 번을 더 회전할까요?


동그라미 동그라미로 도는
부질없는 아름다움이 더없이 명랑합니다


2025년 가을
변영현

# 잠의 풀밭

## 차례

### 1부 여기가 아니라는 생각

## 2부 끝을 배우고 싶은데

## 3부 내가 모래알인데요

## 4부 죽은 자의 눈 위에 손바닥을 대면

1부

여기가 아니라는 생각

## 폐쇄 병동

느리게 걷는다 걸음마다 잠이 뚝뚝 떨어진다 떨어진
잠은 웅덩이가 되고 하루살이가 몰려와 하루살이를 낳
는다 꽃밭이면 안 됩니까 나비의 꿈이면 안 됩니까 꿈인
데도 안 됩니까 묻는 동안 하루살이 떼가 얼굴을 덮친
다 입이 없는 것들이 입을 막는다 하루하루가 우수수
떨어진다

# 난 좀 어지러운데

한 땀 한 땀 바늘로 새긴 타투 같아요
꽃잎 하나하나 핏방울 망울망울
꽃들이 향기를 팔아 사려는 것이
끝없는 감옥이라 하면, 좀 그런가요?

죄를 모르면서 회개하는 죄인처럼
시를 모르면서 시를 쓰는 시인처럼
바다에 갇힌 파도와 하늘에 붙잡힌 별
태어났으니 살아야지, 하는 건 좀 그런가요?

도망치는 물결과 달아나는 새와 뛰어가는 발자국
둥글게 둥글게 그려도 기울어진 지구처럼
비스듬해지는 마음
영원히 돌 것 같아요 빙빙 빙빙
넘어져도 모르고 떨어져도 모르고

누가 죄인인지 누가 시인인지
궁금하지 않아요

따끔따끔 바늘로 찌르며
가을을 그리는 이가 누구인지
알고 싶지 않아요

사라져요 두 손으로 얼굴을 덮으면
우는 사람 앞을 지나는
행인1 행인2 행인3
누구나 알지만 누구도 모르지요

가만히 있는데 저 멀리 성큼성큼
길이 돌아와요 돌아가요
이제 힘내서 걸어야 할까요?
난 좀 어지러운데

# 망고 우드 슬랩

신의 붓이 지나간 듯 아름다워
가까이 다가가면
지옥 같은 폭풍을 만나게 될 거야
목성 이야기야 어쩌다 그 별은
나무라는 이름을 갖게 되었을까

수망고나무로 만들었대
통으로 베어져 누워 있는 남자
시체 같아
뜨거운 차를 올리면
앗 뜨거, 하며 벌떡 일어날 것 같은데

다르게 산다는 게 이런 걸까
망고나무가 탁자가 되는 것
탁자가 되고서도 여전히 망고나무로 불리는 것

탁자 위 꽃은 생생하다 생생해서
곧 시들 것이다

우리 집, 꽃밭 같지?
머리채를 잡힌 다음 날이면
꽃을 받는다고 했다

시든 꽃은 어떻게 다르게 살게 될까
친구는 베란다 밖으로 꽃을 던지며 말했다
누가 뛰어내릴까 겁이 나

해가 지고 있다
태양은 어디로나 뛰어내린다
빌딩 사이로 바다로 망고나무 숲으로

눈동자에 핏빛이 번진다
그 속을 가로지르는 한 마리 새
저 새 이름 알아?
몰라

모르는 것만 슬픔을 모른다

# 아름다워라

천년도 넘게 잎이 떨어지고 있다

하염없이 떨어지는 잎을 맞으며
합장하는 사람이 있다
곧 앙상해질 나무에 기대 우는 사람이 있다
돌에 돌을 얹는 사람
낙엽을 주워 책 사이에 끼우는 사람

여기 머리를 조아리고 있다
사람에게는 못 하고
나무에게 돌에게

아무도 이 나무에서 목을 매지 않았다
믿는다

나무가 주는 위로가 플라세보 효과라 해도
플라세보 플라세보 풀풀 가볍게
마음에는 진짜가 없으니까

노란 잎이 노랗게 떨어진다
천년을 살고도 다시 살아남으려고
몸부림치는 나무에게
사람들이 몰려온다

아름답다고
아름다운

나무 앞에 서 있던 사람이 돌아서며
쓰러진다 노랗게 쓰러져도
아무도 그에게 다가가지 않는다

무수히 떨어지는 은행잎인 줄 알고
쌓이고 쌓이는 낙엽인 줄 알고

## 잠의 풀밭

눈을 뜨면 여기가 아니라는 생각
무엇도 아니라는 생각뿐인데

대나무는 나무가 아니고 고래는 물고기가 아니고 박
쥐는 새가 아니고
아니지만 이름을 벗을 수 없고 바다를 떠날 수 없고
날개를 버릴 수 없다

온몸이 피로로 꽉 차면 딸깍
스위치를 내리듯 눈을 감는다

누가 내 잠에 죽음을 탄 걸까
깨어나지 못할 것처럼 깊이 가라앉는다

잠은 낱개 포장된 죽음
낱개의 죽음을 다 써 버리면
죽음의 원액을 마셔야 할까

버둥버둥 버둥거린다 언제 내 다리에 비늘이 돋았나
마른 바닥 물고기가 되어 물 좀 주세요 물 좀 주세요 물
한 컵이면 붕새가 되어 날아갈 것 같은데

되돌아간다 돌아가서
다시 낯선 이름으로 꿈을 꾸고

어쩌면 나는 잠이 피워 낸 풀 한 포기
내 뿌리는 언제나 잠을 움켜쥐고 있다

# 까마귀 숲

캄캄한 삼나무 숲은 묘지 같다.

까마귀들이 겁도 없이 옆을 스친다. 이 많은 까마귀
는 어디서 왔을까? 지난봄 알들이 열매처럼 나무에 맺
혀 있었던 걸까? 알은 제가 검은 새가 될 줄 알았을까?
깨어나 얼마나 놀랐을까? 까악!

울음을 감춘 사람처럼
검은 외투를 입고 숲의 입구에 섰다.
눈이 내리고 눈은 내리고. 폭설이에요, 더는 들어가
지 말라는 관리인의 말에 멈춘다. 까마귀는 까악 까악
오는 눈을 다 맞아도 까맣고, 손바닥에 내린 몇 송이 눈
도 흰빛을 피해 스러지는데

봄이 오면 맺힐 알들 쏟아진다.
빛은 어디에서 오는가? 잎은 초록빛을 반사해 초록이
되고 그렇게 밀어내는 힘으로 무성해지지. 그러면 까악
까악 까마귀는 어떤 빛도 내뱉지 않은 걸까? 모든 빛을

담아 둔 검은 상자. 그리하여 아무것도 아닌 죽음이 새
의 몸속에서 그렇게 다시 버무려진다면

눈은 왜 하얗게 쏟아지는지.
나는 왜 하얀 김을 하악 하악 뱉어 내고 있는지.

# 연어와 에프킬라

굶는다
살고 싶지 않다는 마음이 일어나면
햇볕에 튜브 바람 빠지듯
흐물흐물

한 끼 두 끼 세 끼가 되기 전에
먹을 것을 찾게 된다
자주 죽고 싶어야 다이어트에 성공할 텐데
이런 농담할 곳이 없을 때

바퀴벌레 바퀴벌레 바퀴벌레
한 마리가 보여도 수많은 바퀴가
뱅뱅 돌고 있는 느낌
에프킬라로 하얀 샤워를 시킨다

고통을 짧게 해 줄게, 너그러운 마음으로

자동차 바퀴 아래 아기 고양이에게

먹어 봐, 먹어 봐
연어 캔을 부어 주면서
귀여워 가여워 중얼거리다

바퀴벌레에게도 새끼가 있었을까
생각이 생각을 낳고 또 생각을 낳고
바퀴벌레가 까맣게 뒤덮인 생각의 바퀴 아래

바퀴벌레의 흰 덩어리를 입안에 넣는나* 해도
바퀴벌레는 바퀴벌레 고양이는 고양이
어둠을 사랑하지만
어둠만으로 살 수 없어

연어 에프킬라 연어 에프킬라 에프킬라 연어


* 클라리시 리스펙토르, 『G.H.에 따른 수난』(봄날의책, 2020).

## 알코올 냄새

발목 잘린 비둘기를 자주 본다
비둘기를 쫓기 위해
학교 창가에 알코올을 뿌리곤 했다
일주일이 지나면 알코올 냄새가 날아가고
비둘기는 다시 찾아와 똥을 남겼다
치우고 치워도 말라붙는 똥
무덤 아래 조상들도 거름이 되어 있을 것이다
거대한 똥 덩어리 지구에서 탈출해
새로운 행성을 똥으로 만들려는 인간의 미래가 있다
있다고 믿는 것이다 미래에 대한 믿음은 식지 않는다
비둘기는 마스크 줄에 발이 잘리기도 한다
어쩌면 나도 모르게 비둘기 발을 잘랐을지도 모른다
모르니
얼마나 좋은가 내 탓인지 아무도 모르고 나도 모르고
몰라 버려라 미래 따위
21세기에도 골목에서 압사당하고 경찰에게 머리통
을 맞아 피를 질질 흘리는데
아무도 이런 미래를 꿈꾸지 않았을 텐데

시간을 모르는 지박령처럼 마음은 골목과 머리통에
서 떠나지 못한다
발 없는 비둘기도 새라고 퍼덕거려 보다가
절뚝절뚝 내게로 걸어온다
비둘기 모양을 한 성령이었다
평화가 있기를, 인사를 나눌 때
알코올 냄새가 났다
처음과 같이 이제 와 항상 영원히

# 스콜성 폭우

'비둘기에게 먹이를 주지 마시오'
'변기에 물티슈를 넣지 마시오'

구청과 아파트 관리실이 걸어 둔
플래카드와 플래카드를 지나며
하지 말아야 했을 것을 생각했다

생의 목록에 줄을 긋는다
모든 사랑이 지워진다

사랑이 변명하려고 하면
물티슈를 물려야지 먹을 것을 주지 말아야지

쏟아진다
　비둘기와물티슈물티슈와먹이먹이와변기변기와비둘
기비바람에펄떡펄떡
　플래카드의 글씨가 뒤섞인다

이런 갑작스러운 비는 이상 기후 때문이다
이상하다 무언가 이상하다


'변기에 비둘기를 주시오'
'비둘기에게 물티슈를 먹이시오'


푸드덕푸드덕
누런 흙탕물에 마을이 쓸려 갈 것 같다
나무들이 미친 듯 손짓하는데


날개가 펴지지 않는다

# 야전 침대

내가 눕기 전에
누군가 누웠을 것이다
오늘 내가 밟은 땅이
누군가의 발자국으로 가득했듯이

어둠의 보자기 속에서
나는 잠들 것이다
보자기의 매듭이 풀리지 않기를
누구의 눈에도 띄지 않기를

에드거 케이시가 꿈에서 미래를 보듯
과거를 본다 내가 모르는 과거는
어쩌면 미래 같기도 하고

아이인지 어른인지
언제까지 거기 있는 거니? 묻다가 잠이 깨면
그 세계는 이미 나의 세계가 아니고
어쩌면 나의 세계란 없는 건지도 모르고

삐거덕삐거덕 피로가 뒤척일 때
누군가 토하는 소리
누군가 우는 소리
누군가 총성
밤이라고 예외는 없다

아침이면 누가 누군지
알 수 없을 것이다
하얀 보자기를 덮어쓴 사람이
들것에 실려 나간다 해도

다시 하루가 시작된다

# 근성

시난고난 장미가 앓고 있다
툭, 떨어지기를 바란다 해도

뿌리로부터 배운 집착은
허공에서도 사라지지 않는다

붉게, 더 붉게 붉어지려는 악착
활기를 위해 빨간 옷만 입는 사람을 안다
붉은 얼굴에 검버섯이 피어 있었다

바람이 불자 졸다 깬 것처럼
옅은 숨을 뱉는다 졸린 눈 사이로

청력이 약한 비둘기가
피 묻은 채 도로에 놓여 있다
사체를 치우지 않으면 곧 파열될 텐데

붉다가 검어지는 중이다

아니 붉고도 검었던 것이다
아니 색은 이름일 뿐이다

몇 번의 '아니'를 거치고 나면
장미나무에는 장미가 없고
가시만 남겠지만

장미는 자신이 왜 여기 매달려 있는지
모르는 얼굴이다
누구의 얼굴인가

# 대방광불화엄경

헌책방에서 오래된, 아마도 아주 오래된
화엄경 전집을 샀다
낡아서 더 귀해 보이는 책을 닦아 책장에 꽂았다
그때부터였을까
1센티미터도 되지 않는 가늘고 하얀 벌레가 보였다
방석에서 침대 밑에서 화장실에서
마치 끊어진 실처럼 보인다
어쨌든 눈에 안 띄면 좋겠는데
나는 화엄경을 의심한다
거기가 집인 건가 아직 읽지도 않았는데
화엄경을 햇볕에 말린다 말려도
벌레는 아무 데서나 불쑥 꿈틀거리고
진리가 책 따위에 있을 리 없다
몇 날을 찾아 구한 책을 버린다
책만 사라지고 벌레는 여전하다
이사를 했는데도 사라지지 않는다
벌레가 무슨 해를 끼치는지 알지 못해도
잘 때 내 손등을 기어다닐 것 같다

모든 것은 마음 따라 변한다는데
내 마음은 무엇을 따라 변할 수 있을까
벌레가 부처가 되고 부처가 벌레가 된다 해도
나는 보는 족족 압살하고 있다
실벌레가 실실 무엇을 쓰고 있는 줄도 모르고
몰라서 책장을 다 불태우고 싶은 저녁
서녘이 활활 탄다 아파트 창밖을 내다보는 나를
누가 책장 속 실벌레로 보고 있는 건 아닐까
창문을 닫는다
꿈틀

# 회전목마

왜 사느냐는 말에
태어났으니 사는 거지
척척 대답하며 너는

말에 오른다
고르고 고른 말
지극한 말이다

이제 막 미국 친구가 보내온
개기 일식 사진을 본다
빛나는 반지 같다
어떤 계시나 상징처럼

너의 말이 돌아오고 있다
먼 길을 갔다 온 것도 아닌데
우리는 서로 손을 흔들고

빙빙 도는 말들 사이 찰칵찰칵

너의 의미를 찾는다
이유에 중독된 내게 해독제가 있다면
제자리를 맴도는 목마

달이 해를 가린 것뿐이지
서로 돌다 보면 그런 일도 있는 거지

이번엔 같이 탈까
나튼 놀이 기구는 무섭다는 이유로
끝없는 동그라미 속으로
말이 오르내린다

여기는 놀이공원이 아니라
오르골 속일지도 모른다는 생각
생각을 말하는데

우리가 고른 말의 거리 때문에
내 말은 뭉개지고

행진곡 풍의 음악

커다란 눈동자 같은 태양이
우리를 내려다본다

# 도서관 마당

모른다 모른다고
이팝나무꽃이 흔들린다
새들이 무슨 말을 하는지 몰라서
평화로운 오후
바람은 불고 꽃은 피고 새는 지저귀고
금지된 잔디에 앉아
오가는 사람을 본다
발밑의 벌레를 보지 못해서
모두 다 평안한 발걸음
빌린 책의 마지막 페이지가 찢어져 있다
끝을 몰라서 맴도는 처음
바람은 불고 꽃은 피고 새는 지저귀고
배고픔은 꽃을 밥이라 하고
서글픔은 새가 운다고 하지
봄이 더디더디 가고 있다
부질없이 부질부질 끓고 있다
끝없이 끝도 모르고

**2부**
끝을 배우고 싶은데

# 색色

수덕사 말사 보덕사에서
검은 머리칼을 버리고
노랗고 파란 옷을 버리고
이름마저 버린 적이 있었다
버렸다 버렸다 다 버렸다 했을 때
객승이 내게 말했다
잿빛은 빛이 아닌가
무채색은 색이 아닌가
버리려는 것은 가지려는 것과 무엇이 다른가
색을 버렸으나 여전히 색뿐인 세상
가라고 돌아가라고 돌아가서
색색거리며 살아 보라고
형형색색 꽃들은 피어서
절간을 휩싸고 있었다

# 블루

파란 동그라미를 그려요
당신은 호수인 줄 알고 뛰어들어요

팔랑팔랑 헤엄쳐요
바다처럼 넓고 깊어요 파란 동그라미
속의 당신이 파랗게 물들고
나를 찾아봐, 하는 목소리에
물이 뚝뚝 떨어져요
안 보여요 안 보인다니까요
여기 있어, 하는 목소리에
숨이 헉헉 차오르네요

파란 동그라미 위에 파란색을 더해요
내게는 다른 색이 없거든요
조금 다른 파란색이면 당신을 찾을지도 몰라요
몰랐어요 더 깊어질 뿐이라는 걸
바닥을 찾지 못할 거예요
하늘을 찾지 못할 거예요
파란 지구 별에서 나갈 수 없듯

당신은 거기서 허우적거리겠죠

파란 동그라미 파란 동그라미
블루칩 같기도 하고 버튼 같기도 해요
속는 셈 치고 한번 눌러 볼까요?
잭팟이 터질까요, 당신이 튀어 오를까요?
하나, 둘, 셋!
아, 물감이 덜 말랐네요
파랗게 실린 손마디 좀 보세요
당신이 묻어 있는 건 아니겠지요

파란 동그라미를 그려요
파랑이 파르르 떨고 있어요

# 나무 아래 벤치

너는 옹이를 딛고 올라가고 싶다
가지에 앉아 숨어 있기 위해서
무엇으로부터 숨으려는 걸까
내가 묻기도 전에

스키니 바지가 죄다 작아져서
오늘은 헐렁한 바지를 입고 왔어
너는 이야기하며 계속 올려다본다
보고 있으면 몸이 떠오를 것처럼

괴애액 괴성을 지르며
크고 하얀 새가 날아와 앉는다
비현실적이다 도심에서 고함지르는 하얀 새라니
그러나 새는 바로 위에 있다

하늘이 어두워진다
물어보고 싶은 이야기가 있었는데
그게 무언지 생각나지 않고

새가 되면 좋을까, 너는 묻고
새들에게는 새들의 고난이 있을 거라고
나는 말하고 만다 그렇게 말하지 말걸
금세 후회하지만

왜 저렇게 큰 소리로 우는 걸까
새가 곡을 하는 것 같다
어둠 속에서 어째서 하얀색일까
무서운 게 없는 걸까 숨지 않아도 될 만큼

새똥이 떨어지는 건 아닐까, 내가 위를 쳐다보는 동안
유행이 다시 돌아오고 스무 살처럼 살을 빼서
스키니 바지를 다시 입을 수 있을지에 대해
너는 이야기한다
마치 그럴 수 있을 것처럼

# 우리 비행기

무리하지 마라
너는 이렇게 말하고 전화를 끊는다
누군가에겐 사는 게 무리일 수 있다고
차마 말하지는 못하고

어제 누리호가 우주로 날아갔다
우주에서 바라보는 지구
지구 어딘가 안 보이는 곳에서
어떤 계시도 없이
하루의 포장지를 뜯는다

나는 비행기를 조종할 줄 모르는 파일럿
시인이 별을 서랍에 넣어 두듯이
비행기를 모으는 것뿐이다

종이비행기 오래 날리기 대회에서
28초면 세계 신기록
단 몇 초를 날아오르기 위해

무수히 추락하는 비행기를 만든다

비행기와 종이비행기가 다 같은 비행기라고
너는 믿고 있는 걸까
나에게 계속 날아 보라고 하지
위로와 격려가 섞인 짜증 같은 것

날아간다 날아간다
그래도 10초
쫙쫙 찢어 버린다
그것은 기억 그것은 오늘 어쩌면 미래

떴다 떴다 비행기 날아라 날아라
다시 날려도 노래가 끝나기 전에
휘익 휘리리 곤두박질치는

# 부재중 전화

뭐가 문제야?
문자가 도착했을 때

멀쩡한 나무를 왜 자르냐고 묻고 있었다
뿌리가 너무 커져서 보도블록이 망가졌다고

일렬로 늘어선 은행나무가 뽑히고 있다
뿌리로 인해 뿌리째

검은 흙이 속을 내보인다
묻어 버리고 싶은 것을 생각했다

생각이 끝나기도 전에 구덩이가 덮인다
부재중 전화가 쌓인다

숨겨 둔 이야기가 자꾸자꾸 커져서
우리의 길이 망가졌다고 말하기 위해
전화를 받아야 할까

내가 하고 싶은 건
아무 말도 하지 않는 것
구덩이가 새 길이 되길 기다리는 것

수십 년을 나란히 서 있어도
한순간이다

트럭이 나무를 싣고
떠나고 있다

# 실수

한 번도 요리를 안 한 것처럼 깨끗한 주방
선생님은 손수 만든 생선찜을 내놓았다

모두 맛있다고 젓가락을 내밀 때
선생님은 살을 발라 내 밥에 올려 주었다

특별한 사랑 같아
물고기는 못 먹어요, 말하지 못하고

깔깔거리고 호호거리는 웃음 속에서
밥만 욱여넣다가

몰래 변기에 게워 냈다
어떤 역겨움의 흔적도 남지 않게

고요하고 따뜻한 창가에서
동그랗게 그러나 완전히 동그랗지는 않게

격렬한 부동의 잠자리 한 쌍
얼마만큼의 침묵이 필요한 걸까

거기서 뭐 해, 부르는 소리에
사랑을 끝내는 모습을 보지 못했다

어떻게 끝내야 할까, 끝을 배우고 싶은데
선생님은 끝없이 시작만 가르치고

갑자기 물컹한 먹구름이 몰려와
물고기 비를 쏟아 내면 어쩌지

이제 그만 이제 그만, 속으로 말하는데
커피가 엎질러졌다

# 호두 알이 부딪친다


닳고 있을 테지만 닳는다고
서로의 속이 닿을 리 없을 테지만

커다란 염주알처럼 굴리면
기도가 될지 모른다 모르지만

알고 있다 알이 깨져도
우리는 새가 될 수 없다는 걸

알면서도 멈추지 않는다
어쩌면 산산이 부서질 때까지

돌처럼 단단하면서
유리처럼 깨질 것 같은

생각과 생각
바가닥바가닥

부딪치는 소리가 살아 있는 소리 같고
부딪치는 소리가 부서지는 소리 같고

호두나무를 떠난 호두 두 알

어떤 손안에서
이토록 어지러운지

# 던지는 사람

미워하는 사람의 신발을 훔쳐
강에 던지는 사람이 있다

그렇다고 사람을 던질 수는 없잖아요

미워하는 사람이 죽자 실실 웃음이 새어 나왔다는
사람이 생각났다

죽기를 기다리다 죽어 버리는 사람도 있다
신발을 던지다 던지다 제 몸을 던지는

그런 사람도 있다 그런 사람이 있다
나는 놀랐지만 어쩔 수 없었다

신발이 떨어져도 사람이 떨어져도
개의치 않는 강

던져진 신발을 찾아 돌탑처럼 쌓으면

어떤 기원이 이루어질까

신발을 던진다
나를 견딜 수 없는 사람을 생각하며

신발 없는 발은 아프고
아픔이 일깨우는 살아 있다는 감각

부질없다 부질없다 중얼거릴 때마다 빌바닥에시
돌이 솟아오른다

# 연분홍

작고 여린 분홍이군요
나는 이 꽃을 몰라요
만지면 찢어질 것 같은 분홍을 말이에요
당신은 내가 모르는 곳을 다녀왔나 봐요
내게는 분홍이 없어요
분홍의 세계가 없어요
당신의 분홍이 퍼져 가네요
안개처럼 우리를 가로막아요
당신의 분홍이니 어떻게 좀 해 봐요
하르르 날리는 분홍, 분홍
연분홍은 간지러운 거라고
가볍게 웃는 당신에게서 더 짙어지는 분홍
계절이 지나면 꽃이 진다지만
떨어진 꽃잎은 녹지 않아요
자동차 바퀴에, 신발 바닥에
일그러진 분홍, 분홍, 연분홍
접착제처럼 붙어 있어요
꼼짝도 못 하네요

내가 먼저 갈게요

당신이 분홍의 늪에서 손을 흔드네요

울지 말고 웃어야지요

작고 여린 분홍이 당신의 얼굴을 찢고 있네요

# 유정란

알을 내미는 이가 있다
원한 적 없는데 주어진 선물

유정란이라는 말이 무섭다
까마귀가 될지 공룡이 될지
닭이 되고 싶지 않은 병아리가 될지

쿵 콰르릉 천둥이 친다
번개가 먼저 번쩍였을 텐데
보지 못했다

문득 알이 깨진 것을 알게 되면
놀라 비명을 지르게 될까
내가 혹은 알이, 알을 깨고 나온 무엇이

알을 주고 간 이는
우레 속에 젖어 있을 것이다

알을 물에 담근다 알은
이제 무언가 되리라고
꿈꾸지 못하리라

끓어오르는 빗소리
꿈꾸는 고통에서 벗어나는
나의 안도가 냄비에서 익고 있다

## 장마

　그러니까 나는 애인이 없다. 아니 애인이 있다. 사랑
없는 사람은 없다. 아니 사랑 없는 사람이 있다. 사랑하
다가 사랑하지 않게 된 사람이 있다. 사랑하지 않다가
사랑하게 된 사람이 있다. 있을까. 나를 사랑하는 사람
이 있다. 그렇다고 애인이라 해도 될까. 왜 나를 사랑하
는 일을 비밀로 할까. 그러나 비밀은 없다. 내가 그의 비
밀을 안다. 비밀은 밝혀져야 한다. 밝혀지지 않으면 썩는
다. 썩은 냄새가 사랑을 지운다. 지워진 사랑은 거름이
되어 더 환한 사랑을 피워야 하지 않나. 그러나 꽃은 피
지 않고 파리만 날린다. 파리도 사랑을 한다. 구더기를
낳고 구더기는 눅눅한 똥 무더기에서 다시 파리가 된다.
그러니까 나는 애인이 없다. 아니 애인이 있다. 내가 사
랑하는 사람이 있다. 그렇다고 애인이라 해도 될까. 사랑
한 고양이가 있다. 고양이가 나를 사랑할까. 고양이는 애
인이 될 수 없다. 될 수 없을까. 애인이 없다고 말하면 슬
플까. 애인이었다가 애인이 아닌 사람을 만날 때의 어색
한 기분을 무어라 할까. 그러니까 나는 애인이 있다. 아
니 애인이 없다. 애인이 있으면서 없고 없으면서 있다. 사

랑하는 사람과 사랑받는 사람과 사랑을 잃은 사람과 사랑을 버린 사람과 고양이와 파리와 구더기와 똥 무더기가 추적추적 내린다. 그러니까 나는 애인이

# 귀지 마네킹

슬픈 네가 전화를 한다. 귓속으로 슬픔이 흘러들어온다. 너는 또 실연했다. 무어라 위로해야 할까. 내가 주저하는 사이 너는 화를 낸다. 무슨 딴청이냐고. 나는 반성한다. 반성하는 사이 너는 전화를 끊는다. 나는 화가난다. 나는 왜 너보다 더 슬프지 않은가. 귀가 가렵다. 귀를 판다. 마르고 딱딱한 귀지가 눅눅하고 비릿한 귀지가될 때까지. 우는 귀지가, 취한 귀지가, 성난 귀지가 손톱만큼, 주먹만큼, 얼굴만큼 쌓이고 쌓여 간다. 나는 귀지로 마네킹을 만든다. 슬픈 네가 전화를 한다. 나는 귀지마네킹에게 전화를 건넨다. 마네킹이 슬퍼한다. 실연을삼킨다. 슬픔으로 더 단단해지는 마네킹. 마네킹은 주저하지 않는다. 반성하지 않는다. 메아리처럼 네 말을 반복한다. 너는 후련해한다. 네가 후련해져서 좋아. 네가 또전화를 한다. 마네킹이 전화를 받는다. 내가 벽지 속 격자무늬가 되어 가는 동안 너와 마네킹은 슬픔으로 친구가 된다. 너는 슬프다. 나는 슬프지 않다.

# 소문

　표정을 숨기려 얼굴을 씻어도 더 또렷해질 뿐이다. 똑 똑. 비밀은 누수의 습성이 있다. 다리 위를 서성이던 그 림자가 누구인지. 골목을 찢는 비명의 출처가 어디인지. 어둠에 싸인 심장이 한사코 뿜어 대는 빛이 무엇인지. 공동 현관의 비밀번호처럼 모두 다 아는 비밀일까. 누군 가 말하고 있다. 어디에 놓아두어도 나만 비추는 양면 거울. 뚝뚝 피처럼 떨어지는. 목소리. 마그리트의 『연인』 처럼 우리는 머리에 흰 천을 두르고. 우리만 못 보는 우 리의 몸짓. 문을 딛고 있어도 들리는 무수한 박쥐 소리. 쯧쯧 츳츳. 누군가 말하고 있다. 길모퉁이엔 눈빛을 숨 길 수 없는 밤의 고양이. 축축한 소리를 잡고 있다.

# 어떤 마지막은 처음 같지만

차고 미끄러운 시간이 허물을 벗은 걸까

컵에 그려진 어린 왕자 그림이 지워졌다

왕자가 사라져도 컵은 여전히 컵

사막이 언제나 사막이듯이

어떤 마지막은 처음 같지만

뜨겁게 담겨 잃어버린 것을 생각하다
다 식어 버리고

손잡이 속으로 사라진 손들이
남긴 명암

곡선을 받치고 선 바닥은
아무도 볼 수 없다

고 믿었지만 나만 볼 수 없었다


네가 바라봤을 바닥을 생각하다
식은 차를 다 마셔 버리고


탁자에 컵을 내려놓았을 때


저음처럼 텅 비어 있었다

# 셀프 페인팅

방수 페인트는 값이 두 배지
쪼그려 앉아 페인팅, 팅

바닥을 밟지 않고 방으로 들어가는 법 따윈
고민할 필요 없어

가스레인지와 수도꼭지만 있는 좁다란 공간
겅중 뛰면 되니까

겅중 뛰어 방에 들어가면
포개지지 않으면 안 돼

일곱 집에 코딱지만 한 화장실 하나
웩, 냄새가 화장실의 주인

보글보글 김치찌개가 끓을 줄 알았겠지만
페인트가 아직 덜 말랐어
찌개도 샤워도 안 돼

나갈까 밖엔 비가 오는데
어디까지 가 볼까
페인트가 마를 때까지

서울은 불빛으로 방수된 도시
눈물 따윈 어디에도 스미지 못해

우리 운동화만 섰었네
걸을 때마다 철컥철컥 소리가 나

이 근처 어디서 멧돼지가 잡혔다던데
달아날 데가 없었나 봐

캔 속에서 부글거리던 맥주가
으스스 몸 안에서 부풀어 오르고

마취 총을 맞은 것처럼

페인트가 묻은 채 잠이 들고

환청처럼 네 목소리가 들려
집에 가자 집에

# 3부
내가 모래알인데요

# 갠지스강의 모래알

어떤 발이 나를 짓누른다. 발의 촉감을 새긴다. 갠지스강의 모래알만큼 갠지스강이 있고, 이 모든 갠지스강의 모래알만큼 많은 발이 걸어온다. 쓸려 가고 있다. 강 속으로 강바닥으로. 모래알 옆의 모래알과 손잡을 수 없는 모래알. 히말라야에서 왔으나 히말라야를 잊은 지 오래다. 굽은 팔을 펴듯 물결이 일면 어디론가 간다. 가도 가도 나는 갠지스강의 모래알. 죽은 자를 태우고 산 자를 씻으며 흘러가는 갠지스, 갠지스. 신성한 갠지스, 더러운 갠지스. 갠지스강의 모래알만큼의 갠지스강이 있고, 이 모든 갠지스강의 모래알보다 많은 관념이 흐른다. 죽어도 살고 살아도 죽는 모래 더미 속에서 영혼을 씻으러 온 자들이 희망의 꽃등을 띄운다. 꽃등이 흘러가는 끝에는 하얀 연기가 피어오른다. 살 타는 냄새가 난다.

# 출근길

빠지면 죽을 수 있다는 생각
깊이란 도랑과 강의 차이
깊이 없는 하루가 겨우 연명된다
안녕하세요
인사를 나누고 나면

휘휘 휘젓는 생각
나는 깊이가 없어서
금세 흙탕물이 된다

할짝할짝 물을 핥는 길고양이
해골 물이라 해도 토하지 않을
심연을 지니고 있다
깊이가 나를 피해 달아난다
꼬리를 치켜들고

오토바이를 탄 사람이
표창을 날린다

어떤 유리도 깨지 못하고
툭 떨어지는 명함
다른 얼굴을 빌려줄 것도 아니면서
빌려주겠다고 빌리라고 빌다시피 하는

이 하루를 빌려 쓰고 나면
하루 뒤에 하루, 하루 뒤에 하루
내가 갚아야 할 건 뭘까
얼굴 대신 헬멧을 빌려 쓰고
달려 볼까 부릉부릉 저 깊은 곳으로

# 아침 거미

아침에 거미를 보면 재수가 있다고
아침 거미는 죽이지 않는다
거미에게는 정말 재수 좋은 날이겠다
근거 없는 믿음이 죽음을 피하는 쪽으로
창을 여는 아침

언니는 왜 아침 거미가 되지 못했을까, 생각하다
밤이 되면 다 밤 거미가 될 수밖에 없다는 걸
뒤늦게 알게 된다 늦다 자꾸 늦어져서 아침이 지나고
죽음의 눈에 띨까 봐 총총 걸어간다

빌딩 외벽 청소부가 추락했다는 기사가 떴다
몰라도 되는 소식이라고 폰을 닫으려는데
친구 아버지의 부고가 열렸다 친구의 부고가 아니라서
다행이라 해야 할까

일을 마치고 검은 옷을 입으러 집으로 간다
태풍이 오고 있다 발인 때 태풍이 오면 어쩌지

유족처럼 걱정을 해도
나는 유족이 아니고

아침에 봤던 거미일까
대롱대롱 매달린 해를 녹여 먹고 있다
벌겋게 허물어지는 하루
하나뿐인 검정 외투의 단추가 떨어졌다

## 깜빡깜빡

깜빡 잠이 들었나 보다
감기약은 매번 눈을 감기지
거실 등이 깜빡거린다
LED 등은 어떻게 갈아야 하는지 모르겠다
모르는 것이 늘어난다
아이스크림 가게 키오스크 앞에서
숫자 초를 사려면 무얼 눌러야 할지 몰라
4와 9 대신 13개의 초를 들고 왔던 것처럼
눈을 깜빡거리며
어디에 연락해야 할까
의자 위에서 팔을 뻗어 등을 갈던
형광의 눈부신 순간을 떠올리며
전화기를 뒤적인다
누가 나를 보고 있다면 아마도 나는
하루하루 능력을 잃어 가는 마법사
혹은 기억을 잃어 가는 실험 쥐
안경을 벗으면 안 보이는 세계가 보인다
경계가 흐려지는 건 한순간이다

어서 전화를 해야지

통째로 뜯어내고 갈아 버려야지 빛을 위하여 빛을

LED 등의 수명은 얼마나 되나요?

형광등보다 오래가긴 해도 알 수 없어요

알 수 없는 등 아래서

촛불을 켠다 훅, 불어 끄기 위해

*Happy birthday Happy birthday*

차가운 케이크 위에서

너무 많은 초가 한꺼번에 타오른다

# 물고기가 있는 풍경

갈 데가 있다는 듯 몰려다니지만
어디로 가려는 건지
이렇게 투명한데

미용실 한쪽에 놓인 수족관
불을 끄면 물고기들이
수초 사이에 누워 잠을 잔다

눈꺼풀이 없어 물고기는 자지 않을 거라는
오해가 만든 풍경이 절 처마 끝에 매달려
밤낮없이 울고

울음을 끊어 내듯 머리칼을 자르고
물고기를 본다
미용실 옆 횟집 수족관에도
물고기가 있다

수족관과 물고기

물고기와 수족관


'어차피'와 '그래도' 사이를
몇 번이나 오간다
알비노레드토파즈와 광어
이렇게 부르면 좀 달라질까


어느 것이든 이해와 오해 속을
헤매고 있겠지만


갑자기 퍼붓는 소나기
후다닥 달리는 발소리


마트로 들어가 밖을 내다본다
한 아이가 비를 맞고 있다


들어와 들어와 내 입 모양이 안 보이는지
빤히 쳐다만 본다

# 반지하

어디라도 인형이 있으면
다정해지지 포근해지지

무를 닮은 인형이 웃고 있다
까만 실선의 입을 따라
나도 웃는다

태어날 때부터 지금껏 웃는 표정이었을
하얀 인형에 묻은 손때
빨면 망가지는 것 아닐까

카톡 카톡 작은 돌을 던지듯
단톡방에서 모임 날짜를 바꾸자고 하고
내가 대답도 하기 전에
수요일이 금요일이 된다

그만 웃고 싶어
싹싹 얼굴까지 헹궈서

영영 망가지고 싶을지도 모를

인형과 나란히 누워 천장을 본다
좁은 방을 넓게 보이려고
흰 벽지를 발랐겠지

백열등에 소복하게 쌓인 곤충의 사체
그래도 환하니까

우리는 웃지
다른 표정은 안 돼

찰칵, 인형을 찍어
프로필에 올린다

# 둥글다는 믿음

버릇처럼 지구본을 돌린다 빙그르르 돌려 보지 않으면
지구가 둥글다는 걸 잊게 된다
작은 도구로 커다란 지구를 믿는
사이비 교도 같은 마음

동그라미 반대편에 친구가 살고 있다
오하이오인지 아이오와인지 아직도 헷갈리지만
우리가 같은 세계에 살고 있다고 믿는다

중앙아프리카 공화국
이런 나라도 있다
간호조무사 학원에 다닐 때 짝이었던
수녀님이 계신 곳 프랑스어를 쓴다고 했다
아프리카도 프랑스도 다 내가 모르는 세상
지구본에 있으니 진짜일 것이다

피지Fiji에는 서로에게 따귀를 때리며
그곳이 천국이라고 믿는 사람들이 있다는데

정말일까 믿을 수 없지만
진짜는 믿음과 상관없다

너무 구식이야, 구글 지도를 보면 되잖아
누가 말해 줘서 지도를 찾아봤다
중앙아프리카 방기Bangui에 가톨릭교회가 보인다
저 교회에 정말 수녀님이 있을까

버릇처럼 지구본을 돌린다
빙빙 비잉빙 세차게
태풍이 올 거라고 한다 거짓말처럼

# 관악기

긴 복도에 앉아 있다
기침을 하며 기침을 하며

속에 있는 것을 다 끄집어낼 듯이
컹 컹
차가운 바닥에 앉아 있다

한 사람이 다가와 약병을 건넨다
기침하는 사람이 손을 내젓는다
잘 가, 라고 말하는 것처럼

한 사람이 사라져도
계속 손을 들고 있다
눈앞에 누군가 서 있는 것처럼

바닥에서 일어나지도 않으며
약을 먹지도 않으며
기침을 하며 기침을 하며

섬망처럼 손을 흔드는 사람이 있다
흔들다 앉은 채로 잠이 든다
자면서도 쿨럭 쿨럭

묘실처럼 서늘한 복도
창문을 녹이고 햇볕이 들어온다
볕 속에서 아주 잠시 기침이 멈추었다
다시 컹 컹 울린다

복도 끝에 서서 나는
내내 그를 보고 있다

# 해解

벽 속에 숨은 모래가 사르륵사르륵
손끝을 따라 흐르고

벽 다음에 벽, 벽 다음에 벽
벽 저쪽에서 기어오른 장미

티베트 승려가 그린 모래 만다라처럼
겹겹이 발화 중이다

그래그래 그렇구나
절벽은 아니라고, 아니라고 하고서
스르르 흩어지는 모래

담장 붕괴 위험

팔을 뻗어 꽃을 당겨 본다
당장 붕괴한다 해도

손끝에 스미는 붉은빛
〈매트릭스〉의 빨간 알약 같아

완성된 만다라가 지워지듯이
모든 것이 무화 중이다

사라지는 벽을 따라 사르륵사르륵
손이 부서지고 있다

# 이유

고개를 숙이고 하나씩 하나씩 세는 동안
한 줌이 한 더미가 되고, 더미더미가 산이 되고
나는 세고 있을 뿐인데
묻히고 있다
이 많은 모래가 어디서 왔는지
물을 틈이 없다 어째서 모래와 모래 사이에
틈이 없을까

입속으로 흘러들어 오는 모래알
안과 밖이 모두 모래가 되면
나는 모래인 걸까 모래가 되면
모래 세는 일을 하지 않아도 되는 걸까
모래알 같은 별을 보며
낯선 사막 위 모래알이 되어 잠이 든다

눈을 뜬다 뜨지 않았으면 좋았을까
아침이 와서 핀셋을 쥐여 주며
모래알을 세라고 한다

내가 모래알인데요, 말해도
아침은 간 곳 없고
다시 쌓이는 모래, 모래…

# 티타임

숙소에서 멀리 보이는 히말라야
산 정상이 하얗게 덮여 있다

아무도 모르게 살짝살짝
녹았다 얼었을지 모르지만
눈의 이름은 만년설

테라스엔 춥지도 덥지도 않은
적당한 바람이 불고

짜이를 삼킬 때마다
평온, 이라는 말이 혀끝에 맴돈다

눈부신 눈 속에 어떤 시체가
눈을 부릅뜨고 누웠다 해도

멀어서, 아득히 멀어서
따스한
만년 평온

# 도망

머리를 세차게 흔들자
커다란 뿔이 툭, 떨어지고
사슴은 홀가분하게 달려간다

뿔은 구애를 위한 모자 같은 것
아니 머리칼처럼 버려지는 것

버려진 것들로 가득하다
사슴의 뿔, 도마뱀의 꼬리, 매미의 허물, 허수아비, 고
장 난 시계
곰팡이 핀 편지가 있다 해도 이상하지 않지

창고 한가운데 서면
나도 버려진 것 같고
버려진 것의 왕이 된 것 같고

누군가는 내게 생활이 필요하다지만
삶을 보여 주려는 시간의 반복이

먼지로 내려앉은 곳

사슴의 뿔을 쓰고
매미의 허물을 입고
도마뱀의 꼬리를 달고

나 아닌 것으로 서 있으면
무서울 게 없다
무거울 뿐이다 무거워서

하나둘 벗으며
버리기 전의 무언가가 되는 상상을 한다

발정기의 수사슴
여름을 맞는 매미
재빨리 달아나는 도마뱀

나는 무얼 버릴 수 있을까

버릴 것 없이 버려진

지친 허수아비 곁에 누워

생각하고 생각하고

# 고시원

함박눈 내리는데 환하게 내리는데
한 평 독방 불을 끄고 스스로를 위로한다
조용히 홀로인 어둠, 오르가슴과 슬픔 사이

# 장미

칠성동 장미파라고 들어 봤어? 언니들은 면도날을 씹어 마음에 안 드는 사람 얼굴에 뱉는다는 거야. 제 입에 칼을 넣는다는 거, 으득으득 씹는다는 거. 그래, 누구나 벌벌 떨겠지. 떠는 동안 언니들 입안은 갈가리 찢어지겠지. 벌겋게 타오르겠지. 흥건한 피가 목구멍을 지나 뱃속에 차오르겠지. 면도날을 삼키기도 하겠지. 면도날 조각이 흘러 들어가 언니들의 아기는 피투성이가 되어 태어나겠지. 아가야, 아가야, 미안해, 하며 울겠지. 벌벌 떨며 울겠지. 삼키는 게 습관이라 울음도 삼켜 보겠지. 아프겠지. 아파도 빨간 립스틱 바르고 거리를 걷겠지. 걷는 자리마다 노을 내리고 단풍 들겠지. 어디로 갈지 몰라 담에 기대겠지. 고개 들면 화들짝 놀라겠지. 칼날 조각을 온몸에 박은 채 붉게 피어난 서로를 보게 될 테니까.

4부

죽은 자의 눈 위에 손바닥을 대면

# 물의 문

똑똑 떨어지는 물방울은 누구의 노크였을까. 아버지의 배에는 물이 자라고. 아이를 가진 것처럼 부푸는 배. 물의 아이가 응애응애 울었던가. 울음소리를 듣고 집으로 흘러드는 강. 물과 물이 안팎에서 서로를 부를 때 물을 모르던 우리는 끝없이 허우적거리고. 그 틈에 아버지, 물에 쓸려 돌아가시니 가신 이를 어이할꼬. 무거운 강은 제집인 듯 눌러앉고. 나무토막 타고 오빠는 서울로 가고. 물속에서 숨을 참던 언니가 동그랗게 입을 열고. 벙긋벙긋 그 많은 강물을 끌고 나가는데. 어디로 가는 거야, 어디로 가는 거야. 따라 나가도 젖은 밤이 길을 막아서고. 똑똑 물방울이 머리칼을 적시고 얼굴을 타고 내리는데. 뒤를 돌아보니 집이 둥둥 떠가는데. 집에서는 언제까지나 엄마가 염불을 외고. 밤이 다 내려도 나는 어디로 가야 할지 모르고. 모르고. 열기만 하면 쏟아질 것 같아 문고리를 잡고 다닌다. 문을 덮고 누우면 가슴이 눌린다. 밤마다 똑똑 누가 문을 두드린다.

# 충혈

끼이익, 창밖의 자동차 바퀴 소리
붉은 금을 긋는다

내가 센 양들은 하늘로 올라 구름이 되고
점점 커지는 구름 사이로 하얀 앰뷸런스
까마귀 떼가 끌고 온다

잠들 수 없다는 건
잊을 수 있는 시간을 잃어버리는 것

날 좀 데려가, 제발 데려가 줘
무한 재생되는 목소리
누구에게 말하는 걸까

소리를 지우고 먼 하늘에서 보면
반짝이는 별똥별 같을까 밤의 앰뷸런스

기다리세요 기다리세요

응급의 응급의 응급이 될 때까지

깜빡이는 눈이 꺼져 가는 별빛 같은데
괜찮아 괜찮아
누구에게 말하는 걸까

앰뷸런스 앰뷸런스 밤의 앰뷸런스

아무 생각도 하지 않으려
무수한 생각을 일으키는 날갯짓

까마귀 한 마리, 까마귀 두 마리, 까마귀 세 마리…
까마귀가 너무 빨리 늘어난다
세다가 놓친 까마귀들이 내 눈을 쪼고 있다

눈을 뜰 수 없다
눈을 뜰 수밖에 없다

그저 잠들려는 것뿐인데

사이렌 소리가 점점 붉어진다

# 까마귀

온 세상 다 지울 듯
몰아치는 눈보라

고요히 내려앉은
검은빛 하나를

어째서 흔들지 못할까
하얗게 덮지 못할까

# 실종

죽은 자의 눈 위에 손바닥을 대면
그가 마지막으로 본 것을 볼 수 있을까

한강에 뛰어내린 사람이 119에 전화를 한다
살려 달라고
차분한 목소리는 구조의 신호가 아니라서
상담원은 비웃음을 보낸다

웃음이 흐르는 한강

눈을 감고 걸으면 스무 걸음도 못 가
눈을 뜨게 된다
부딪힐 것 같은 느낌, 느낌일 뿐이지만

죽고 싶다가 살고 싶은
살고 싶다가 죽고 싶은

뜨거운 치킨을 뜯으며

차가운 맥주를 마시며

살고 싶은데 죽게 되는
죽고 싶은데 살게 되는

죽은 영혼은 자기가 죽은 줄도 모르고
죽고 싶어, 죽고 싶어, 살고 싶어서
떠도는 한강

딸꾹

술잔에 몸을 담근 순간
눈을 감는 순간

누가 내 이름을 부르고 있다
눈 위에 손을 올리고 있다

# 스노우 볼

눈이 내리기 위해 세계는 뒤집어진다
둥근 지구에서 떨어지지 않는 우리처럼
거꾸로 매달린 강아지가 웃고 있다
눈이 내린다 눈이 내린다

눈 내리는 날, 영안실에 간 적이 있다
한 사람을 보기 위해 서 있을 때
배경은 차가운 암흑이 되고
오로지 하얀 천만이
내 눈을 덮었다

사람이 가루가 되고 흩뿌려지고
뒤집으면 다시 눈이 되어 내리고

영화에서 한 남자가 아내의 애인을 만나
스노우 볼로 그의 머리를 내리쳤다
이국의 풍경이 눈과 함께 부서졌다
남자는 동그란 세계 안에서

살인은 꿈도 꾸지 않았을 것이다

하얀 천을 덮거나 머리를 내리쳐도
녹지 않는 세계

누군가 볼을 움켜잡는다
눈이 내리기 전 잠시의 온기
이 순간을 위해 기꺼이
다시 뒤집어지는
모래시계가 있다

# 조우

길고양이가 배를 드러낸다
항복을 요구한 적 없는데

우리는 모르는 사이가 아닙니까

뛰쳐나오기엔 너무 부드럽고
버림받기엔 너무 깨끗한
차르르 떨리는 털에 길든 손이 있었을 것이다

갑자기 눈발 날린다
시간이 멈춘 것처럼 흐르고
눈만 남고 눈빛만 남고

이제 가도 되겠습니까

줄 것이 없다 줄 것이 없어서
집으로 가는데 집이 없는 당신이
뚫어지게 쳐다본다

눈빛이 따라온다
어둠을 끌고 온다

발자국 없이 걷고 있습니까

# 조현

죽음이라고 적힌 명찰을 단 아이가
나를 따라오는 것 같다 아니 나를 따라온다
힐끗힐끗 주춤주춤
그렇게 걷는다

애야, 길을 잃었니? 어디로 가는 길이니?
아이는 울먹이는가 싶더니 방긋 웃는다
여기는 내 집이고, 이제 나는 들어갈 거야
그전에 너를 어디로 데려다줄까?
아이는 쳐다만 본다 한참 동안

이제 나는 문을 닫는다
하얀 셔츠와 까만 바지, 흩날리는 머리칼
창밖에 아이는 없고 노인이 서 있다
눈이 마주치자 울먹이는가 싶더니 방긋 웃는다

불을 끈다 누가 있는 것 같다 아니 누가 있다
누군가 왼손을 꽉 잡는다

잠시만 쉬었다 갈게요
높고 가는 목소리와 낮고 탁한 음성이 동시에 울린다

누구냐, 묻지 못하고
벌떡 일어나 불을 켠다
왼손에 남은 악력
악령은 아닐 것이다

아니, 아니
아니의 줄이 그와 나를 잇고 있다
어둠 속에서 서로를 조율 중이다

# 포도

다정한 수다가 오밀조밀 매달린 여름이라니. 포도는
병실에 어울리지 않는다. 침묵을 못 견딘 포도 알이 욕
창처럼 물크러진다. 물컹한 한 알이 탱탱한 한 알을 시들
게 한다. 살을 맞댄 한 알이 다른 한 알에게, 다른 한 알
이 또 다른 한 알에게 풍기는 낙담. 호흡이 가빠진다. 한
알의 시큼한 냄새가 다른 한 알 한 알에게 신호를 보낸
다. 이제 그만해도 돼. 악착같이 쥐고 있던 새까만 주먹
을 풀면 땀도 눈물도 아닌 것이 툭, 투둑. 손쓸 수 없이 떨
어져 나가고. 한 알이 한 알을 다급하게 불러도 다시 하
나의 포도일 수 없고. 한때 포도라 불렸던 포도의 뼈가
덩그러니 남아 있다.

## 장미는 아름다운가요

크루즈 객실에 동그란 창이 있어요. 창밖으로 종일 출렁이는 바다. 붉게 물들어도 바다. 장미는 아름다운가요. 수십 개의 동그라미 속에 내 얼굴이 있어요. 단 하나의 동그라미 속에 당신 얼굴이 있어요. 폐쇄 병동 문에 동그란 창이 있어요. 창밖에는 계단뿐이에요. 장미는 아름다운가요. 발소리를 무서워하는 계단이 동그라미 쪽으로 동그라미 반대쪽으로 서로를 당기고 있어요. 동그랗게 동그란 창밖에 밤이 와요. 반드시 와요. 파도가 컹컹 짖어 대고 계단이 헉헉 헐떡여요. 왜 다 내 귀만 물어뜯는 걸까요. 장미는 아름다운가요. 검은 눈동자처럼 동그란 창이 나를 쳐다봐요.

# 자연이라면 자연일 텐데

튤립은 왜 입을 열지 않는 걸까요
창가로 화병을 옮겨 놓아요
어차피 시들겠지만
분홍은 어떤 목소리일까요

웃고 있었던가, 울고 있었던가
햇살을 머금은 물결이 다 쓸려 가고
어둠만 남은 강에 발을 담그고 있던
소녀가 생각나요

어차피 밤이겠지만
한마디쯤 건넬 걸 그랬어요

자연스럽게 죽는다는 건 뭘까요
피지 않고 시들어도 되는 걸까요
사자가 사슴의 목덜미를 물어뜯는 게
자연이라면 자연일 텐데

이유를 알고 싶어요
이유가 있는 걸까요
침묵을 지우려 꽃을 가져왔는데
침묵이 꽃을 조이고 있어요

화병의 물을 갈아 줘요
이런 걸 최선이라 부를 수는 없어요
무어라 불러야 할까요
무어라도 불러 줘요

화병이 강이 될 수 없는데
나는 뭐가 무서운 걸까요

# 글자로 된 사람

글자로 된 사람이 있다
말을 하면 입에서 글자가 나오고
걸으면 글자로 된 발자국이 찍힌다
그와 악수를 하면 암호 같은 문장이
손에 새겨진다

글자로 된 사람이 샤워를 한다
흘러내리는 글자
물에서 물로 어둠에서 어둠으로
지하에 떠다니다 강으로 흐르는 글자
물고기 비늘에 글자가 맺힌다

새가 떠오를 때 깃털처럼 떨어지는 글자
바람을 타고 오르는 글자
글자의 비가, 비의 글자가 내린다

얼룩말이 달린다
얼룩말이 글자의 풀을, 풀의 글자를 뜯는다

치타가 달린다
치타가 글자의 얼룩말을, 얼룩말의 글자를 뜯는다

글자로 된 사람이 잠을 잔다
무슨 문장이 되는 줄도 모르고
몸부림칠 때마다 글자들이 흩어진다 유령처럼

누군가는 시를 쓰고
누군가는 편지를 쓰고
누군가는 유서를 쓴다
누군가는 하나이기도 하고 여럿이기도 하다

축축한 글자, 흐릿한 글자, 구겨진 글자, 지친 글자, 알아볼 수 없는 글자, 글자 같지 않은 글자… 글자로 된 사람이 있다 글자로 된 세상에서

사라지지 않으려고 떨어진 글자를 줍는 사람이 있다

## 을 것이다

갈가리 찢어지는 문장 속에
어떤 비밀이 있는 것은 아니지만

한 장을 쓰고 한 장을 찢을 것이다
찢기 위해 쓰는 글은
얼마나 진실할까
한 점의 꾸밈도 없이
쫘악 쫙 찢겨 나가는

조각들을 모아 물에 적실 것이다
밀가루 풀을 섞어 바가지에 붙이면
탈이 될 것이다 탈을 쓸 것이다
진실로 만들어진 탈을 쓰고 있어도
아무도 알아보지 못하겠지만

얼쑤
팔을 펼치고 다리를 들어
허공에 써 보는 것이다

말하고 싶지만 말할 수 없는 것을

어디선가 너도 보고 있을지
모를 일이다
나인 줄 모르고서

한바탕 탈춤이 끝나면
스르륵 스르륵
허공에 휘갈겨진 나는
밀가루처럼 풀풀 날리고

탈만이 무탈하게 웃고 있을 것이다

# 강릉역 근처

만나기로 한 사람은 연락이 없고
돌아갈 기차는 밤에나 있다

나는 불교 신자지만
낯선 곳에서 시간이 비면
성당에 간다 절은 너무 머니까

어디서나 서늘하게 울리는
성당 안은 다 낯익다

천장이 높아 내가 낮아진다
창문을 두드리는 햇살이
숨어 있는 죄인을 찾는 것 같다

주여, 우리를 불쌍히 여기소서
주여, 우리를 불쌍히 여기소서

감실에서 떡을 꺼낸다 그리스도의 몸이다

오르간 소리가 누군가를 천국으로 데려간다
아멘, 하고 몸을 먹는 사람들
이 기괴함을 신비로 바꾸는

미사가 끝나고 텅 빈 시간에 앉아
개심사 종소리를 생각한다
기억에는 원근법이 없다

옴 가라지아 사바하
지옥을 깨뜨리는 저녁 종성
한낮에 어둠을 기다리는 마음

차가운 성수에 손끝을 댄다
가톨릭 신자처럼 성호를 긋고는
합장을 한다

인연이 있으면 다음에 만나요

# 사라지지 않는 마음의 기록

김주원(문학평론가)

# 사라지지 않는 마음의 기록

김주원(문학평론가)

변영현의 시는 청춘의 기록이다. 한 젊은 시인의 첫 시집에서 청춘은 인생의 특권과도 같은 단어일 것이다. 청춘의 이면에는 미성숙과 방황이 자리 잡고 있지만 청춘은 그러한 미숙함까지도 가능성으로 받아 줄 만큼 품이 큰 말이다. 청춘은 생물학적 나이가 아니라 정신의 상태나 마음가짐을 나타내는 말이기도 하다. 나이를 떠나 청춘의 감성과 정신이 발현될 때 청춘은 더 청춘다워진다고 할 수 있다. 변영현의 시는 지금, 여기에 관한 질문의 힘을 잃지 않아서 푸르다. 자신이 살아가는 세계를 질문하는 사람은 안온하게 안주할 수 없다. 그에게 이 세계는 어딘가 불편하고 낯설고 아픈 곳이다. 그래서 그의 화자들은 삶에 대한 고민을 놓을 수 없다.

"꽃밭이면 안 됩니까 나비의 꿈이면 안 됩니까 꿈인데도 안 됩니까 묻는 동안 하루살이 떼가 얼굴을 덮친다"(「폐쇄 병동」)고 말하는 사람은 어떤 표정이었을까. '하면 된다'거나 '할 수 있다'가 아니라 '안 됩니까'라고 묻는 사람의 마음을 헤아려 본다. 긍정문이 아니라 부

정형 질문을 하는 사람은 세계를 그런 식으로 경험했을 확률이 높다. 꽃밭도, 나비의 꿈도, 꿈도 쉽게 허락되지 않는 세상을 말이다. 거창한 것도 아닌데 되는 것보다 안 되는 것이 더 많다는 것을 안다는 듯, 어차피 안 되는 것인 줄 알고 체념하듯 묻는 동안 하루살이 떼가 얼굴을 덮친다. 여기서 하루살이는 비루한 존재가 아니다. 삶의 비루함에 좌절하기보다 살아 보겠다고 몸부림치는 순간을 변영현 시에서는 청춘이라 부를 수 있다.

그의 시에는 패기나 용기, 야망 있는 청춘이 아니라 살기 위해 발버둥 치면서 질문하는 청춘의 모습이 있다. 시의 화자는 질문한다. "꽃들이 향기를 팔아 사려는 것이/끝없는 감옥이라 하면, 좀 그런가요?//죄를 모르면서 회개하는 죄인처럼/시를 모르면서 시를 쓰는 시인처럼/바다에 갇힌 파도와 하늘에 붙잡힌 별/태어났으니 살아야지, 하는 건 좀 그런가요?"(「난 좀 어지러운데」). 질문은 조심스럽지만 서툴지 않고 자신의 의견을 말하되 강요하지 않는다. "좀 그런가요?"라는 질문은 상대가 동의하지 않을 수 있다는 것을 전제로 자신의 생각을 살짝 덧붙이고 싶어 한다. 혹시라도 질문이 무겁게 느껴진다면 바로 물러서겠다는 듯이. 이 시의 제목은 「난 좀 어지러운데」이다. 그런데 말하는 사람에게 '좀'이라는 말은 '조금'이 아닌 것 같다. 많이 어지럽고 진짜 힘든데도 실제 느낌보다 한참 낮춰 표현하는 내향적이고 소심한 마음이 느껴진다. 그가 말하는 '좀'은 이상하게 마음에 걸린다. 그래서 그의 말에 귀를 기울인다. 꽃들이 향기를 팔아 결국 꽃병에 꽂힌다면 그곳은 감옥이 맞다. 죄를 모르면서 회개하는 죄인, 시를 모르면서 시를 쓰는 시인은 얼마든지 있다. 자신이 하는 일을 잘 알고 있는 사람도 있지만 반대의 경우도 많다는 것을 우리는 알고 있다. 거창한 목표 없이 "태어났으니 살아야지"도 훌륭한 삶의 태도가 될 수 있다. "좀 그런가요?"는 가벼운 질문이 아니라 적잖은 삶의 경험이 축적되어 있다.

변영현의 시는 '아프니까 청춘'인 시대의 비망록처럼 보인다. 그러나 이 청춘의 기록은 자신의 시대를 직시하며 살아가는 내향형 청춘의 자기 성찰이다. 청춘은 푸르지 않고 아프다. 그러나 변영현의 시에서 아픔은 추상이나 관념이 아니고 현실 부정이나 도피로 이어지지도 않는다. 그것은 아주 구체적이고 내밀하며 개인적이기 때문에 질문과 탐구의 대상이 된다.

눈을 뜨면 여기가 아니라는 생각
무엇도 아니라는 생각뿐인데

대나무는 나무가 아니고 고래는 물고기가 아니고

박쥐는 새가 아니고
　　아니지만 이름을 벗을 수 없고 바다를 떠날 수 없
고 날개를 버릴 수 없다


　　온몸이 피로로 꽉 차면 딸깍
　　스위치를 내리듯 눈을 감는다


　　누가 내 잠에 죽음을 탄 걸까
　　깨어나지 못할 것처럼 깊이 가라앉는다


　　잠은 낱개 포장된 죽음
　　낱개의 죽음을 다 써 버리면
　　죽음의 원액을 마셔야 할까


　　버둥버둥 버둥거린다 언제 내 다리에 비늘이 돋았
나 마른 바닥 물고기가 되어 물 좀 주세요 물 좀 주세
요 물 한 컵이면 붕새가 되어 날아갈 것 같은데


　　되돌아간다 돌아가서
　　다시 낯선 이름으로 꿈을 꾸고


　　어쩌면 나는 잠이 피워 낸 풀 한 포기
　　내 뿌리는 언제나 잠을 움켜쥐고 있다
　　　　　　　　　　　　　　　　　　—「잠의 풀밭」 전문

깊은 잠은 고단한 일상과 노동의 결과이다. 이 시에서 잠은 휴식과 재충전의 시간이 아니라 눈 뜨면 여기가 아니라는 생각을 불러일으킨다. "무엇도 아니라는 생각"은 지금 한국 사회를 살아가는 청춘이 어떤 마음으로 일상을 보내고 있는지를 알려 주는 대목이다. 청춘의 삶은 녹록지 않다. "한 평 독방 불을 끄고 스스로를 위로"하는 고시원(「고시원」)과 "인형과 나란히 누워(…)/좁은 방을 넓게 보이려고/흰 벽지를" 바른 반지하(「반지하」)가 시의 공간이 되는 것은 우연이 아닐 것이다. 낭만과 꿈이 아니라 과로와 죽음을 오가는 하루를 보내며 화자는 자신의 삶이 주어진 조건에서 벗어날 수 없다고 생각한다. 낱개 포장된 죽음을 다 써 버리면 "죽음의 원액"을 마실지도 모른다는 불안, 버둥거리는 물고기라도 물 한 컵이면 붕새가 되어 날아갈 수 있을 것 같다는 갈망이 그의 마음 속에 공존한다. 포기할 수 없는 것은 "다시 낯선 이름으로 꿈을 꾸고"(「잠의 풀밭」) 싶은 마음이다. 섣부른 희망에 기대지 않고 마냥 잠에 빠지고 싶어 하지 않는 태도가 "나는 잠이 피워 낸 풀 한 포기"라는 자기 선언을 가능하게 한다.

어떤 환경에서도 스스로 피워 올린 희망만큼 값진 것은 없다. 이토록 여리면서도 강한 청춘의 시절은 한 시대와 사회적 조건과 밀접한 관련을 지닌다. 변영현의 시가 일상의 공간을 사회적인 것으로 인식하는 장면은 그래서 인상적이다. 「셀프 페인팅」에는 이런 구절이 보인다. "서울은 불빛으로 방수된 도시/눈물 따윈 어디에도 스미지 못해//우리 운동화만 젖었네/걸을 때마다 철컥철컥 소리가 나". 서울은 어디에도 마음 붙일 곳이 없다. 젖은 운동화를 신고 철컥철컥 걸어가는 소리는 대도시의 외로움을 촉각과 청각으로 여실하게 표현하고 있다. "이 근처 어디서 멧돼지가 잡혔다던데/달아날 데가 없었나 봐"라는 독백은 잠시 잊고 있었던 비극을 떠올리게 한다. 어디에도 스미지 못하지만 달아날 데가 없는 막막한 기분을 어느 날 뉴스에서 발견하는 것이다. 마취총을 맞고 포획될 운명에 처한 멧돼지의 운명이 '나'와 상관 없다고 말할 수 없기 때문에 변영현의 시는 이팝나무의 꽃과 새들의 말과 발밑의 벌레를 본다(「도서관 마당」). 더 정확히 말하면 발밑의 벌레를 보지 못해서 사람들이 "모두 다 평안한 발걸음"으로 걷는 풍경을 본다.

다른 존재에 대한 무심함이 만드는 평화는 기이하다. 변영현의 시는 우리 시대의 비극과 위장된 평화가 아무도 모르는 구석진 자리가 아니라 서울 시내 한복판에서, 공공의 장소에서 조용히 일어난다는 것을 보여 준다. 이 점에서 그의 시는 개인의 외로움이나 안위의 문제를 넘어 공동의 삶이 훼손되고 피폐해지고 있다는 것을 자신의 문제로 사유한다. 「알코올 냄새」는 그 좋은 예이다. 이 시의 화자는 발목이 잘린 비둘기들을 자주 본다. 사람들이 쓰고 버린 마스크 줄에 걸려 비둘기는 발목이 잘린다고 한다. "어쩌면 나도 모르게 비둘기 발을 잘랐을지도 모른다"는 의심이 스쳐간다. "얼마나 좋은가 내 탓인지 아무도 모르고 나도 모르"는 무지함은 '나'를 불편하게 만든다. "21세기에도 골목에서 압사당하고 경찰에게 머리통을 맞아 피를 질질 흘리는" 사고를 언급하는 대목은 급격하지만 비약적으로 느껴지지 않는다. 발목이 잘린 비둘기와 골목에서 사고를 당한 사람들, 경찰에게 머리통을 맞은 사람들의 비극은 그들이 모두 소중한 생명이기 때문에 동일한 사건으로 묶을 수 있는 것이다. 그러나 이들이 같은 공동체라는 인식은 비극의 연쇄성으로 확인할 수 있을 뿐이다.

화자는 "아무도 이런 미래를 꿈꾸지 않았을 텐데" 그런 일들이 일어나고 있다는 불편한 진실 앞에 독자를 데려다 놓는다. "발 없는 비둘기도 새라고 퍼덕거려 보다가/절뚝절뚝 내게로 걸어"오는 처연함과 슬픔을 잘 볼 수 있게끔. "비둘기 모양을 한 성령이었다/평화가 있기를," 바라는 기도는 종교적 의미를 넘어 한 개체의 비극을 모두의 평화로 승화시킨다. 이 시의 평화는 모른다는 이유로 외면할 수 없는 세상의 비극에 동참하려는 마음에서 시작한다. 성령을 상징하는 비둘기가 인간의 세상에서 살기 어려운 존재가 되어 가는 비극을 우리는 날마다 다른 방식으로 경험하고 있는지 모른다. 평화는 생명을 가진 모든 존재를 향한 기도이다. 그렇다면 평화는 인간의 영성이 회복되기를 바라는 희망과 같은 말일 것이다.

가장 작은 존재의 위기는 전체의 위기이다. 이러한 자각이 변영현의 시에서 독특한 울림을 갖는다는 것은 중요하다. 이를테면 시난고난 앓는 장미는 "더 붉게 붉어지려는 악착"(「근성」)을 보여 주고 사람들은 활기를 위해 붉은색 옷을 입는다. 한쪽에서는 청력이 약한 비둘기가 피 묻은 채 도로 위에 사체로 발견된다. 서로 다른 존재들은 붉은색 이미지로 위태롭게 연결되어 있다. 그러나 붉은색은 생명의 약동이 아니라 살기 위한 몸부림이고 억지스런 활기이며 죽음이다. 그것이 지금, 이곳을 살아가는 이들의 현실이라는 점은 부인할 수 없다.

뭐가 문제야?
문자가 도착했을 때

멀쩡한 나무를 왜 자르냐고 묻고 있었다
뿌리가 너무 커져서 보도블록이 망가졌다고

일렬로 늘어선 은행나무가 뽑히고 있다
뿌리로 인해 뿌리째

검은 흙이 속을 내보인다
묻어 버리고 싶은 것을 생각했다

생각이 끝나기도 전에 구덩이가 덮인다
부재중 전화가 쌓인다

숨겨 둔 이야기가 자꾸자꾸 커져서
우리의 길이 망가졌다고 말하기 위해
전화를 받아야 할까

내가 하고 싶은 건
아무 말도 하지 않는 것
구덩이가 새 길이 되길 기다리는 것

수십 년을 나란히 서 있어도
한순간이다

트럭이 나무를 싣고

떠나고 있다

　　　　　　　　　—「부재중 전화」 전문

　은행나무가 뿌리 때문에 뿌리째 뽑히는 상황은 어떤가. 이 시는 감정을 잘 통제하고 있지만 멀쩡한 나무가 보도블록을 망가뜨린다는 이유로 뽑히는 것을 편안하게 받아들이기는 어렵다. 뿌리 뽑힌 나무는 서울에서 정 붙일 곳을 찾지 못하는 변영현 시의 화자들을 연상시킨다. 도시는 인간의 길을 위해 나무를 뿌리째 뽑는다. 구덩이가 덮이는 동안 '나'는 아무 말도 하고 싶지가 않다. 보이지 않는 나무뿌리가 인간의 길을 망가뜨렸다고 말하고 싶지 않은 것이다. '나'는 그런 방식에 동의하지 않을 것이다. 이 시는 상황에 대한 도덕적 판단을 내리는 대신 한순간의 마주침을 기억하려 한다. 나무가 트럭에 실리는 한순간은 나무가 아주 오랫동안 그 자리에 있었다는 사실을 분명히 알려 준다. 구덩이는 새 길이 될 것이고 트럭도 떠나고 있다. 변화무쌍한 삶에서 영원한 것은 아무것도 없다. 나무를 싣고 무심히 떠나는 트럭은 삶의 덧없음을 말하고 있는 것처럼 보인다. 그러나 그게 전부는 아니다. 그토록 짧은 한순간이 있어 평범한 존재와 삶의 소중함이 오래 각인되는 것이다.

　헌책방에서 오래된, 아마도 아주 오래된

화엄경 전집을 샀다

낡아서 더 귀해 보이는 책을 닦아 책장에 꽂았다

그때부터였을까

1센티미터도 되지 않는 가늘고 하얀 벌레가 보였다

방석에서 침대 밑에서 화장실에서

마치 끊어진 실처럼 보인다

어쨌든 눈에 안 띄면 좋겠는데

나는 화엄경을 의심한다

거기가 집인 건가 아직 읽지도 않았는데

화엄경을 햇볕에 말린다 말려도

벌레는 아무 데서나 불쑥 꿈틀거리고

진리가 책 따위에 있을 리 없다

몇 날을 찾아 구한 책을 버린다

책만 사라지고 벌레는 여전하다

이사를 했는데도 사라지지 않는다

벌레가 무슨 해를 끼치는지 알지 못해도

잘 때 내 손등을 기어다닐 것 같다

모든 것은 마음 따라 변한다는데

내 마음은 무엇을 따라 변할 수 있을까

벌레가 부처가 되고 부처가 벌레가 된다 해도

나는 보는 족족 압살하고 있다

실벌레가 실실 무엇을 쓰고 있는 줄도 모르고

몰라서 책장을 다 불태우고 싶은 저녁
서녘이 활활 탄다 아파트 창밖을 내다보는 나를
누가 책장 속 실벌레로 보고 있는 건 아닐까
창문을 닫는다
꿈틀

       —「대방광불화엄경」전문


 도시의 생물들은 인간의 삶에 보태어진 배경이 아니
라 시의 화자들과 존재론적으로 연결되어 있다. 변영현
시의 대상들은 뿌리내리기 어렵고 스며들지 못하며, 절
뚝이고 조용히 않는다. 그들은 이 세계의 안부를 대신
전해 주는 오래된 동료이다. 오래된 『화엄경 전집』에서
나온 벌레 한 마리도 그런 경우이다. 벌레의 집이 『화엄
경』이라는 구절을 포함해 이 시는 제목에 걸맞게 대담
한 세계관을 표출하고 있다. "화엄경"은 모든 것이 마음
먹기에 달려 있다는 일체유심조一切唯心造와 부처와 중
생이 구분되어 있지 않다는 사상이 담긴 경전이다. 그러
나 '나'는 『화엄경 전집』을 집에 들이면서 생긴 벌레가
신경 쓰여 보는 족족 압살한다. 모든 것은 마음 따라 변
할 뿐이고 벌레 한 마리도 부처나 다름없다는 것을 머리
로는 알지만 현실은 벌레를 죽이는 것도 모자라 책장을
불태우고 싶은 충동을 느끼는 것이다.

이 시의 마지막 부분에서 '나'도 누군가의 책장 속 벌레일지 모른다는 깨달음은 호기롭다. 일체유심조는 책이 아니라 이미 '나'의 마음에 있다. 『화엄경 전집』을 버렸어도 마음 하나 바꾸면 그곳이 화엄경의 세계가 될 수 있다. 끝없이 크고 넓다는 우주의 관점에서 보면 '나'와 벌레의 적대 관계는 얼마나 사소한가. 아파트에 있는 '나'도 우주의 작은 책장 속 미물에 불과할 텐데 말이다. '나'에게 벌레는 부처다. 벌레가 아니었다면 벌레를 싫어하는 '나'의 살기 어린 마음을 알아차릴 수 없었을 것이다. '나'도 한낱 미물이라는 것을 깨닫게 만든 벌레는 '나'를 부처로 만든 셈이다. 벌레와 '나'가 존재론적으로 동일하며, 모두 미물인 동시에 부처일 수 있다는 자각으로 일상은 화엄의 세계가 된다.

변영현의 시는 작은 것에서 넓고 큰 세계를 보고, 부분에서 전체의 모습을 끌어낸다. 이 청춘의 기록은 사소한 것을 사소하게 보지 않음으로써, 버려진 것에서 우리가 잃어버린 것을 찾아 내는 통찰력으로 반짝인다.

> 누군가는 시를 쓰고
> 누군가는 편지를 쓰고
> 누군가는 유서를 쓴다
> 누군가는 하나이기도 하고 여럿이기도 하다

축축한 글자, 흐릿한 글자, 구겨진 글자, 지친 글
자, 알아볼 수 없는 글자, 글자 같지 않은 글자… 글자
로 된 사람이 있다 글자로 된 세상에서

　사라지지 않으려고 떨어진 글자를 줍는 사람이
있다
　　　　　　　　　　　　—「글자로 된 사람」 부분


　글은 곧 사람이라고 한다. 글을 읽는 것은 글 쓰는
사람의 마음을 읽는 것이고 그 사람과 만나는 일일 것
이다. 모든 글은 쓰는 사람의 마음이 담겨 있다는 점
에서 평등하다고 말할 수 있다. 부르는 이름이 다를 뿐
시와 편지, 유서는 하나이기도 하고 여럿이기도 하다.
「글자로 된 사람」은 한 젊은 시인의 시론으로 손색이
없다. "축축한 글자, 흐릿한 글자, 구겨진 글자, 지친 글
자, 알아볼 수 없는 글자, 글자 같지 않은 글자"는 어떤
마음의 표정을 담고 있을까. 그것을 읽기 위해 글자를
오래 들여다보았을 시인의 마음을 상상해 본다. 아마
도 시인은 "사라지지 않으려고 떨어진 글자를 줍는 사
람"이 아닐까.
　『잠의 풀밭』은 읽히지 못한 채 사라지는 마음이 없

었으면 하는 바람, 모두에게 평화가 있기를 바라는 마음의 기록이다. 하나이기도 하고 여럿이기도 한 세상을 시인은 커다란 마음으로 보고 있다. 글자로 된 세상에서 떨어진 글자를 줍는 사람을 보는 시인의 마음이 미덥다. 『잠의 풀밭』은 드넓고 푸른 마음의 집으로 기억될 것이다.

잠의 풀밭

2025년 11월 10일 1판 1쇄 펴냄

지은이      변영현
펴낸이      김성규
편집        조혜주 최주연 권은하 한도연
디자인      신혜연
펴낸곳      걷는사람
주소        경기도 용인시 기흥구 동백중앙로 358-6, 7층 (본사)
            서울 마포구 월드컵로16길 51 서교자이빌 304호 (지사)
전화        031 281 2602 / 02 323 2602
팩스        02 323 2603
등록        2016년 11월 18일 제25100-2016-000083호

ISBN  979-11-7501-022-2  04810
ISBN  979-11-89128-01-2  (세트)

* 이 시집은 2024년 '송순문학상 새로운시인상'의 첫 시집 발간 지원금을 받아 제작하였습니다.